호기심이 쿵쾅대는
한국사 아파트 ❺ 근현대

지은이 윤희진
펴낸이 정규도
펴낸곳 (주)다락원

초판 1쇄 발행 2019년 7월 10일

편집총괄 최운선
책임편집 박현혜
디자인 김성희, 이승현
일러스트 신혜진

다락원 경기도 파주시 문발로 211
내용문의 (02) 736-2031 내선 276
구입문의 (02) 736-2031 내선 250~252
Fax (02) 732-2037
출판등록 1977년 9월 16일 제406-2008-000007호

Copyright © 2019, 윤희진

저자 및 출판사의 허락 없이 이 책의 일부 또는 전부를 무단 복제·전재·발췌할 수 없습니다. 구입 후 철회는 회사 내규에 부합하는 경우에 가능하므로 구입문의처에 문의하시기 바랍니다. 분실·파손 등에 따른 소비자 피해에 대해서는 공정거래위원회에서 고시한 소비자 분쟁 해결 기준에 따라 보상 가능합니다. 잘못된 책은 바꿔 드립니다.

ISBN 978-89-277-4741-3 74900
ISBN 978-89-277-4688-1 74900(세트)

http://www.darakwon.co.kr
다락원 홈페이지를 통해 인터넷 주문을 하시면 자세한 정보와 함께 다양한 혜택을 받으실 수 있습니다.

글 윤희진

그림 신혜진
감수 김태훈

🔲 다락원

차례

701호	대한제국과 일제강점기: 만세!만세! 탕!탕! ······ 6
	대한제국과 일제강점기: 소리의 정체 ······ 14
	대한제국과 일제강점기의 보다 자세한 이야기 ······ 20

호기심의 한국사 노트 대한제국과 일제강점기 ······ 52

801호	증조할머니 시대: 지지직!지지직! 터덜!터덜! ······ 54
	증조할머니 시대: 소리의 정체 ······ 62
	증조할머니 시대의 보다 자세한 이야기 ······ 68

호기심의 한국사 노트 증조할머니 시대 ······ 82

901호	할아버지 시대: 덜커덕!덜커덕! 호로로!호로로! ······ 86
	할아버지 시대: 소리의 정체 ······ 90
	할아버지 시대의 보다 자세한 이야기 ······ 96

호기심의 한국사 노트 할아버지 시대 ······ 106

1001호	엄마 아빠 시대: 흑!흑! 짝짝짝짝짝!대한민국! ······ 108
	엄마 아빠 시대: 소리의 정체 ······ 112
	엄마 아빠 시대의 보다 자세한 이야기 ······ 118

호기심의 한국사 노트 엄마 아빠 시대 ······ 134

안녕! 내 이름은 **기심**이야. **호기심!**

내가 사는 **아파트**엔
다양한 사람들이 살고 있어.
어떤 사람이 사는지 **궁금**하지만,
알지는 못해.

그런데 우리 아파트에서는 매일 다른 **소리**가 나.
도대체 **누가? 왜?**
그런 소리를 내는 걸까?

아! 도저히 못 참겠어.
소리의 정체가 무엇인지
우리 한번 찾아가 보자!

701호 대한제국과 일제강점기

만세!
만세!
만세!
만세!
만세!
만세!
만세!

만세! 만세! 탕! 탕!

아휴, 또 시작이군!
우리 아파트는 왜 이렇게 **시끄러울**까?
신기하게 내가 **역사책**만 읽으려고 하면 이런다니까.
오늘은 도대체 누가 이런 **소리**를 내는 거지?

안 되겠다. 아, 궁금해.
한번 찾아가 볼까!

딩동! 딩동!

"누구세요?"

"전 이 아파트에 사는 기심이라고 하는데요, 호기심요. 저……."

"아, 반가워. 들어와."

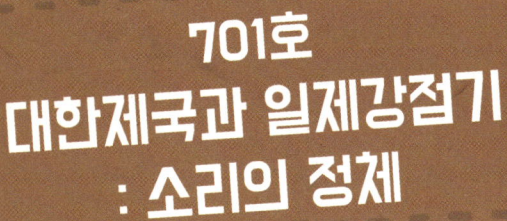

701호
대한제국과 일제강점기
: 소리의 정체

사람들이 거리에서
"대한 독립 만세!"를 외치는
소리였구나!

그런데 왜 저 많은 사람들이
**거리에서 만세를
외치는** 거지?

깊은 산 속에서
총을 쏘며 전투를 벌이는
소리였네!

누가 이 깊은 산 속에서
싸움을 하는 거야?

만세! 만세!

1919년 3월 1일, 수천 명의 사람들이 "대한 독립 만세!"를 외치고 있어요.

나라를 빼앗긴 우리 민족이
일본의 지배에 저항하며 처음으로 시위운동을 벌인 거예요.
민족 대표들이 준비한 「독립선언서」를 낭독한 뒤
사람들은 "대한 독립 만세!"를 외치며 거리로 나섰어요.
이날 이후 만세 운동은 곳곳으로 퍼져 나갔지요.
5월 말까지 전국적으로 1500번이 넘는 만세 운동이 일어나
200만 명이나 되는 사람들이 참여했대요.
평화로운 시위였지만 일본은 시위대를 향해
총을 쏘며 막았고, 잡아가서 고문했어요.
열여덟 살의 유관순 열사도 만세 운동을 하다가 잡혀가서
일본의 잔인한 고문 속에 세상을 떠났지요.
만세! 만세!
이 소리는 우리나라 사람들이
대한의 독립을 간절히 바라며 일본에 저항하는 소리랍니다.

탕! 탕!

독립군과 일본군이 총을 쏘며 전투를 벌이고 있어요.

3·1 운동 이후 일본에 저항하는 열기는 더욱 뜨거워졌어요.
하지만 일본의 감시가 심해서 나라 안에서 독립운동을 하기는 어려웠지요.
일본의 감시를 피해 중국 만주와 연해주 지역에
독립군 기지가 만들어졌어요.
그러자 일본은 만주에 있는 독립군을 공격하기 위해 군대를 보냈어요.
포수였다가 독립군 대장이 된 홍범도 장군은
일본군이 곧 공격해 온다는 소식을 미리 알고,
만주 봉오동 지역에서 일본군을 기다리기로 했어요.
봉오동은 험한 산줄기로 둘러싸인 계곡 지대예요.
홍범도 장군은 독립군이 숨어 있는 깊은 산 속으로
일본군을 끌어들여 총공격을 퍼부었어요.
독립군과 일본군이 벌인 최초의 전투에서 독립군이 큰 승리를 거두자
우리 민족은 큰 희망을 품게 되었지요.
독립군이 일본군을 무찔러 나라를 다시 찾을 수 있다는 희망이
사람들의 마음속에 퍼졌던 거예요.
탕! 탕!
이 소리는 홍범도 장군이 이끄는
독립군이 일본군을 무찌르는 소리랍니다.

701호

대한제국과 일제강점기의
보다 자세한 이야기

대한제국

어렵고 힘든 상황 속에서 고종은 황제의 자리에 올라
나라 이름을 '대한제국'으로 바꾸었어요.
제국이란 황제의 나라라는 뜻이에요.
황제가 된 고종은 신식 무기를 갖춘 군대를 만들기 위해 학교를 설립하고,
경제를 발전시키기 위해 회사와 공장도 세웠어요.

전차와 기차가 달려요

1899년에는 경성 한복판에 전차가 달리기 시작했어요.
서대문에서 청량리 사이의 길을 운행했지요.
같은 해 경성과 인천 사이를 연결하는 기차도 달리기 시작했어요.

황제의 자리에서 쫓겨난 고종

고종이 외국의 문물을 받아들이는 개화 정책을 펼치자
일본은 마음이 급해졌어요.
조선이 힘을 더 기르기 전에 차지해야겠다고 생각했죠.
결국 일본은 강제적으로 조선의 외교권을 빼앗는 조약을 요구했고,
이에 반대하는 고종을 황제의 자리에서 쫓아냈어요.
그 뒤 고종의 아들 순종이 황제가 되었지만, 이름뿐인 황제였죠.

일본에 나라를 빼앗겼어요

1910년 8월 29일, 순종은 대한제국과 일본을 병합한다고 발표했어요.
병합이라는 말은 두 나라가 합쳐진다는 뜻이지만,
사실상 일본에 강제적으로 나라를 빼앗긴 거예요.
우리 역사상 가장 힘든 시대가 시작되었죠.
나라를 빼앗긴 날, 우리 민족은 큰 슬픔과 분노를 느꼈어요.
경성 상인들은 가게 문을 닫은 채 흰 깃발을 내걸었고,
나라 잃은 슬픔에 스스로 목숨을 끊은 사람도 있었어요.

총과 칼로 다스려요

강제로 대한제국을 점령한 일본은 우리 민족의 저항에 총과 칼을 들었어요.
일본의 헌병 경찰들이 전국을 물샐틈없이 감시하면서
사람들의 행동을 하나하나 통제했지요.
일본에 저항하는 수많은 사람을 잡아가 감옥에 가두거나 목숨을 빼앗았어요.

우리 땅을 빼앗아요

일본은 토지 조사 사업을 벌였어요.
전국에 있는 땅 주인들에게 자신의 땅이
어디에서부터 어디까지인지 신고하라는 것이었죠.
일본은 이 사업이 세금을 공평하게 내고,
땅의 소유권을 확인하기 위해 필요하다고 주장했어요.
하지만 결국 통치에 필요한 돈을 얻고,
일본인이 손쉽게 땅을 살 수 있도록 하려는 목적이었지요.
게다가 왕실의 땅이거나 주인을 밝히기 어려운 공동 소유의 땅도 있었는데,
일본은 이러한 땅을 모두 차지했어요.

일본의 허가를 받아야 회사를 세울 수 있어요

회사를 세울 때도 일본의 허가를 받아야 했어요.
일본인은 손쉽게 우리 땅에 회사를 세울 수 있었지만,
우리 민족이 회사를 세우는 것은 매우 어렵게 법을 만들어 놓았어요.
우리 기업이 성장할 기회를 빼앗은 거예요.

지하자원, 물고기, 나무도 일본이 가져가요

금, 은, 구리, 아연 등 소중한 지하자원을 캘 수 있는 광산도
일본인이 차지했어요.
일본의 어업 회사들이 우리 바다에 사는 물고기들도 잡아갔고요.
일본인들은 우리 산에 있던 나무들까지 베어 가서 큰 이익을 챙겼어요.

다른 나라로 떠나는 사람들

살기 힘들어진 사람들은 우리 땅을 떠나기 시작했어요.
함경도 북쪽의 만주로 가서 사람이 살지 않는 땅을 개척해
농사를 짓기 시작한 사람이 가장 많았어요.
만주보다 더 추운 시베리아로 떠난 사람들도 있었고요.
먹고살기 위해 하와이 사탕수수 농장의 일꾼으로 가기도 하고,
일본에 노동자로 건너간 사람도 있었지요.

우리나라 밖에서 독립운동을 해요

우리 땅에서는 일본의 감시가 심했기 때문에
독립운동을 하려는 사람들도 외국으로 많이 나갔어요.
우리나라 사람들이 가장 많이 옮겨 갔던 만주에 독립운동가들이 많이 모였지요.
독립운동가는 학교를 세워 독립군을 기르고,
군대를 조직해 일본군과의 전쟁을 준비했어요.
만주뿐 아니라 중국의 상하이, 러시아의 시베리아, 블라디보스토크 등
우리나라 밖 곳곳에서 독립운동을 하는 단체들이 만들어졌어요.

만세 운동을 준비해요

감시가 심했던 나라 안에서도 일본에 저항하는 움직임은 계속되었어요. 1919년 3월, 고종의 장례식을 앞두고 많은 사람들이 모일 것이 예상되자, 기독교, 불교, 천도교의 지도자들이 모여 만세 운동을 일으킬 계획을 세웠지요. 우리나라가 독립국이라는 사실을 전 세계에 알리는「독립선언서」를 준비하고, 민족 대표 33명이 선언서에 서명했어요.

거리에서 "대한 독립 만세!"를 외쳐요

1919년 3월 1일, 민족 대표들은 한자리에 모여 「독립선언서」를 발표했어요.
그리고 곧 일본의 경찰에게 잡혀갔어요.
탑골공원에 모여 있던 수천 명의 사람들도 「독립선언서」를 낭독하고,
거리로 나가 "대한 독립 만세!"를 외치며 만세 운동을 벌였지요.
그저 만세를 외치며 거리를 걷는 평화로운 시위였지만,
일본은 이들을 막고 잡아갔어요.

만세 운동이 전국으로 퍼져요

하지만 사람들은 다음날 다시 모여 만세 운동을 벌였어요.
"대한 독립 만세!"를 외치는 평화로운 시위는 곧 전국 방방곡곡으로 퍼졌어요.
사람들이 많이 모이는 시골의 장터마다 만세 운동이 벌어졌대요.
총과 칼을 든 일본의 경찰들이 평화로운 시위를 막아서면서
많은 사람이 죽고 다쳤어요.

임시 정부가 세워져요

3·1 운동은 일본의 탄압으로 끝났지만,
사람들은 이제 일본과 싸워 독립을 이뤄 내려면 무엇이 필요한지 깨달았어요.
그래서 그해 9월 상하이에 대한민국 임시 정부가 세워졌지요.
독립운동을 이끌 중심이 마련된 거예요.
대한민국 임시 정부는 대통령이 이끄는 민주주의 정치 체제로 출발했어요.
민주주의란 왕이 아니라 국민이 주인인 제도를 말해요.

대한민국 임시 정부

상하이

일본과 총칼로 싸워요

3·1 운동 후, 사람들은 평화적인 시위만으로는
독립을 얻을 수 없다는 걸 알았어요.
총과 칼로 싸워 일본을 우리 땅에서 몰아내야 한다고 생각했지요.
물론 그전에도 이런 생각을 하는 사람들은 있었어요.
독립군을 길러 내는 학교도 있었고요.
그러다 3·1 운동 이후 만주와 연해주 지역에서 독립군 단체들이
본격적으로 일본군과 전쟁을 치를 준비를 해 나갔지요.

봉오동 전투

홍범도 장군이 이끄는 부대도 만주 봉오동으로 옮겨 갔어요.
일본군과 전쟁할 준비를 하기 위해서였지요.
곧 일본군이 독립군을 공격한다는 소식이 들려왔거든요.
여기에 맞서기 위해 홍범도 장군이 이끄는 부대는 매복 작전을 펼쳤어요.
몰래 숨어 있다가 갑자기 적을 공격하는 것이죠.
당시 기록에 의하면 일본군 157명이 죽고, 300여 명이 크게 다쳤다고 해요.
독립군에서 죽거나 다친 사람은 단 6명뿐이고요.
독립군과 일본군이 맞붙은 최초의 전투에서 큰 승리를 거둔 거예요.

청산리 대첩

봉오동 전투에서 크게 진 뒤 충격을 받은 일본은
1만 5천 명의 군대를 보내며 독립군을 모조리 무찌르겠다고 선언했어요.
홍범도 장군은 김좌진 장군이 이끄는 부대와 함께 청산리에 모여
일본군에 맞설 준비를 했지요.
독립군은 청산리에서 다시 일본군을 크게 이겼어요.
청산리 대첩은 우리 독립운동 역사상 가장 크게 이긴 전투에요.

우리 민족을 분열시키려 했어요

한편, 3·1 운동에 깜짝 놀란 일본은
우리 민족을 다스리는 방법을 조금 바꿨어요.
총과 칼로 억누르기만 하다가는 일본에 대한 저항이 더 커질까 봐
친일 세력을 늘려 우리 민족을 분열시키려 했지요.
또한, 신문 내용을 감시하여 자신의 마음에 들지 않는 기사는 없애기도 했어요.

어린이날이 생겨요

3·1 운동 이후 우리나라의 장래를 책임질 소년, 소녀들을
잘 키우자는 움직임이 시작되었어요.
어린이라는 말도 이때 처음 생기고, 어린이들이 보는 잡지도 만들어졌지요.
그리고 이러한 뜻을 널리 알리기 위해 매년 5월 1일을 어린이날로 정했어요.
나중에 5월 5일로 바뀌었지만요.

양복과 양장을 입어요

경성 거리에는 이제 한복 대신 양복이나 양장이 유행했어요.
도시의 멋쟁이들은 양복에 중절모를 썼고,
블라우스에 스커트를 입고 하이힐을 신은 여성들도 눈에 띄기 시작했대요.

고무신이 크게 유행해요

보통의 사람들에게는 고무신이 크게 인기를 끌었어요.
처음에는 일본이나 서양에서 만든 고무신이 들어왔는데,
우리가 신던 신발의 모양과 달라 불편했어요.
그러다 우리나라 공장에서 짚신 모양의 고무신을 만들어 팔자
큰 인기를 얻었지요. 모양은 짚신과 비슷하지만,
고무신이 훨씬 질기고 비가 와도 발이 물에 젖지 않았으니까요.

돈가스와 우동을 먹기 시작해요

일본 사람들이 우리 땅에 들어와 살게 되면서
일본 음식과 서양 음식을 파는 가게들이 생기기 시작했어요.
서양 음식점에서는 돈가스, 카레라이스 같은 음식을 팔았고,
일본 음식점에서는 우동, 메밀국수, 덮밥 같은 음식을 팔았지요.

아이스크림과 사이다도 먹었어요

아이스크림, 비스킷, 캐러멜 같은 간식거리를 파는 가게도 생겼어요.
이런 간식거리들은 서양에서 온 과자라고 하여 양과자라고 불렸대요.
오늘날의 사이다 같은 탄산음료도 일본에서 들어왔어요.

벽돌로 집을 짓기 시작해요

일본인들이나 돈 많은 부자들은 벽돌이나 유리를 사용해
서양식 집을 지어 살기 시작했어요.
오늘날처럼 현관이 있고 거실과 침실이 있는 서양식 집을 양옥이라고 불렀죠.
2층으로 집을 짓기도 했어요.

땅을 빼앗긴 사람들

서양식 집, 옷, 음식을 누리며 살 수 있는 사람들은
일본인이거나 도시에 사는 부자들이었어요.
시골에서 농사를 짓다가 일본에 땅을 빼앗긴 농민들은
먹고살기 위해 도시로 왔지만, 공사판의 막일을 하거나
시장에서 행상을 하며 하루하루 먹을 것을 구하기 바빴어요.
가마니와 짚으로 겨우 바람을 막아 줄 집을 만들어 밤을 보내야 했고요.

놋그릇과 놋수저까지 빼앗아 가요

1930년대 후반이 되자 일본은 중국을 침략했고,
1941년에는 미국을 공격하며 태평양 전쟁을 일으켰어요.
전쟁을 치르느라 많은 것이 필요해진 일본은
우리나라의 농산물을 싼값에 강제로 사 갔어요.
또한, 집마다 돌아다니며 무기를 만드는 데 필요한
놋그릇과 놋수저까지 빼앗아 갔지요.

사람도 끌고 가요

식량과 물건만 빼앗아 간 것이 아니라 사람도 강제로 끌고 갔어요. 200만 명이 넘는 사람들을 공장, 탄광 등에 끌고 가 힘든 일을 시켰고, 어린 학생들을 군인으로 데려가기도 했어요.

일본과 조선은 하나다

세계 대전 중이던 일본은 그사이 우리 민족이 독립운동을 일으킬까 봐
우리 민족의 정신을 없애 버리려는 정책들을 펴 나갔어요.
이름을 일본식으로 바꾸도록 강요하고, 일본의 종교를 믿도록 했지요.
하루에 몇 번씩 일본 왕이 사는 곳을 향해 절을 하게 만들었고요.
또 한국어를 사용하지 못하게 하고, 일본어만 쓰도록 강요했어요.

일본과의 전쟁을 준비해요

당시 임시 정부를 이끌고 있던 김구는 한국광복군을 만들어
일본과의 전쟁을 준비했어요.
한국광복군을 훈련해 우리나라에 들어와 있던 일본군을 공격할 계획이었지요.
미국의 도움을 얻어 모든 훈련을 끝내고 출발 명령을 기다리던 때,
일본이 항복했다는 소식이 들려왔어요.

 호기심의 한국사 노트
대한제국과 일제강점기

고종이 황제의 자리에 올라
나라 이름을 대한제국으로 바꾸었다.

일본은 고종을 내쫓고
대한제국을 강제로 병합했다.

근대식 문물이 들어와 서양 음식을 먹고
서양 옷을 입기 시작했다.

어린이라는 말이 처음 생겼고,
어린이날이 만들어졌다.

중국, 미국 등과 전쟁을 시작한
일본은 우리나라 사람들까지
강제로 전쟁터에 끌고 갔다.

일본은 우리 민족을 총과 칼로 다스리며 우리의 땅과 자원, 식량 등을 빼앗아 갔다.

우리 민족은 독립선언서를 준비해 3·1 운동을 일으켰다.

봉오동 전투, 청산리 대첩 등에서 독립군이 일본군을 무찌르기도 했다.

중국 상하이에 세워진 대한민국 임시 정부가 독립운동을 이끌었다.

임시 정부에서도 일본군과 전쟁을 벌이기 위한 준비를 해 나갔다.

**801호
증조할머니 시대**

지지직!
지지직!
지지직!
지지직!
지지직!
지지직!
지지직!

지지직! 지지직! 터덜! 터덜!

오늘은 또 무슨 일이야?
누가 **이런 소리**를 내는 거지?

안 되겠다. 아, 궁금해.
다시 가 봐야겠어!

딩동! 딩동!

"누구세요?"

"전 이 아파트에 사는 기심이라고 하는데요,
호기심요. 저……."

"무슨 일이니? 들어와."

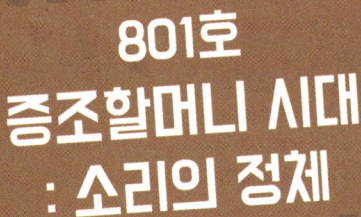
801호
증조할머니 시대
: 소리의 정체

**지지직!
지지직!**

라디오 주파수를
맞추는 소리였구나!

아하~

그런데 **무슨 소리**가
나오길래 사람들이 저렇게
벅찬 표정으로 듣고 있는 거지?

터덜!
터덜!

피란을 가는
소리였네!

그런데 왜 많은 사람들이
**남쪽으로 힘없이 걷고
있는 걸까?**

지지직! 지지직!

사람들이 라디오의 주파수를 맞추고 있어요.

곧이어 라디오에서 누군가의 목소리가 흘러나오자
사람들은 바짝 귀를 기울였어요.
1945년 8월 15일 낮 12시에 라디오에서 중요한 방송이 있을 거라고
서울 시내 곳곳에 벽보가 붙어 있었거든요.
라디오에서 흘러나온 것은 일본 왕의 목소리였어요.
일본 왕은 떨리는 목소리로 미국 등의 연합군에게 항복한다고 발표했어요.
중국, 미국 등을 공격하며 전쟁을 벌이던 일본이
미국의 원자 폭탄 공격에 두 손을 든 거예요.
일본이 항복한다는 말은 곧 우리가 해방을 맞게 된다는 뜻이었지요.
사람들은 눈물을 흘리며 "대한 독립 만세!"를 외쳤어요.
지지직! 지지직!
이 소리는 우리나라가 해방되었다는 벅찬 소식이
라디오를 통해 퍼져 나가는 소리랍니다.

터덜! 터덜!

북한의 공격을 피해 많은 사람들이 남쪽으로 피란을 가고 있어요.

1950년 6월 25일 새벽, 사람들은 천둥 같은 대포 소리에 잠을 깼어요.
북한이 38도선을 넘어 남한으로 쳐들어온 거예요.
그렇게 우리 민족 최대의 비극이 시작되었어요.
갑작스러운 북한의 침략에 대한민국은 3일 만에 서울을 내주고
남쪽으로 피란을 가야 했지요.
이 전쟁으로 많은 사람이 죽었고,
남과 북의 거의 모든 시설이 잿더미로 변했어요.
3년의 전쟁을 중단하고 맺은 휴전 협정으로
우리 민족은 지금까지 남과 북으로 나뉜 채 살고 있고요.
증조할머니는 추운 겨울날 동생 손을 잡고
피란 가시던 이야기를 아직도 가끔 해요.
비행기에서 폭탄이 떨어지고, 옆에 걷던 사람들이 그 폭탄에 맞아
죽는 것을 보았던 끔찍한 날들에 대해서 말이죠.
터덜! 터덜!
이 소리는 우리 민족 최대의 비극을 온몸으로 겪고 있는
힘없는 사람들의 발소리랍니다.

801호
증조할머니 시대의 보다 자세한 이야기

일본이 항복했어요

1945년 8월 15일 낮 12시, 일본 왕이 라디오 방송을 통해
연합군에 항복한다고 발표했어요.
그 방송을 들은 사람들은 만세를 부르며 길거리로 뛰쳐나갔어요.
급하게 태극기를 만들어 나온 사람도 있었고요.
36년 동안 계속되던 일본의 지배가 드디어 끝난 거예요.

우리 손으로 정부를 만들자

해방이 되자 우리 손으로 새로운 나라를 만들기 위해 여러 가지 노력을 했어요.
조선 건국 준비 위원회가 만들어지고,
다른 나라에서 독립운동을 하던 사람들이 돌아왔어요.
감옥에 갇혀 있다가 풀려난 독립운동가들도 함께 모여
새로운 나라를 만들 준비를 해 나갔어요.

미국과 소련이 다스리는 나라

그런데 일본을 이긴 연합국들의 생각은 달랐어요.
한반도의 38도선을 기준으로 북쪽에는 소련이, 남쪽에는 미국이 들어와서
각자 자신들과 같은 편인 정부를 세우려고 했던 거예요.

국민이 나라의 주인인 대한민국

남한에서 실시된 총선거를 통해 국민의 대표인 국회의원이 처음으로 뽑혔고,
이들은 헌법을 만들어 발표했어요.
헌법은 한 나라를 다스리는 데 가장 기초가 되는 최고 법을 말해요.
이 헌법에서 대한민국은 민주주의 국가이며,
나라의 주인은 국민이라고 분명히 밝혔지요.

남과 북에 다른 나라가 세워져요

김구처럼 하나의 나라를 세우기 위해 노력한 사람들이 많았지만, 결국 남한에서만 실시한 총선거에서 이승만이 대통령으로 뽑혔고, 북한에는 김일성이 이끄는 정부가 들어섰어요. 남과 북에 각각 다른 나라가 세워진 거예요.

북한이 쳐들어왔어요

1950년 6월 25일, 북한이 탱크를 앞세워 남한을 공격했어요.
이승만 대통령은 남한이 북한을 무찌르고 있으니 안심하라고
라디오 방송을 했지만, 전쟁이 일어난 지 이틀 만에 서울을 빠져나갔어요.
그러고는 북한이 내려오지 못하도록 한강 다리를 폭파해 버린 거예요.
수많은 사람들이 피란을 가지 못하고, 큰 어려움을 겪어야 했어요.

미국과 중국이 참전했어요

6·25 전쟁이 시작되자마자 미국은 유엔군을 보낼 것을 결정했어요.
맥아더 장군이 이끄는 유엔군이 북한군을 공격해 압록강까지 올라가자
중국이 북한을 도우러 전쟁에 참여했어요.
중국군이 참전하면서 다시 서울을 빼앗겼다가 되찾는 등 전쟁은 계속되었고,
피해는 점점 커졌어요.

휴전 협정이 맺어져요

38도선 부근에서 밀고 밀리는 지루한 전투가 계속되자
전쟁에 참여했던 나라들은 휴전을 하자고 의논하기 시작했어요.
전쟁을 잠시 쉬자는 거예요.
이승만 대통령은 끝까지 반대했지만, 결국 휴전 협정은 이루어졌어요.
이후 66년이 지난 지금까지도 휴전 상태로 남과 북의 분단이 계속되고 있어요.

남과 북의 엄청난 피해

우리 땅에서 세계 강국이 비행기로 폭탄을 퍼붓고,
대포로 포탄을 쏘면서 전쟁을 했기 때문에 피해가 엄청났어요.
죽거나 다친 사람이 400만 명이 넘었고, 수많은 건물과 공장이 사라졌지요.
우리나라 전체가 폐허로 변하고 말았어요.

미국의 도움을 받아요

전쟁이 끝났지만, 당장 먹을 것조차 구하기 어려운 상황이었어요.
다행히 미국이 밀가루 같은 식량을 보내 줘서 급한 불을 끌 수는 있었지요.
하지만 미국의 도움이 무조건 좋은 것은 아니에요.
도움을 받았으니 미국의 말을 따라야 했고, 미국이 만든 물건들을 사야 했어요.

이승만의 독재

전쟁이 끝나고 온 국민이 힘을 합쳐 어려움을 이겨 내야 할 때,
이승만 대통령은 헌법을 두 번 고쳐서 12년 동안이나 대통령 자리에 있었어요.
그리고 1960년 선거에서는 강력한 라이벌이었던 조병옥이
갑작스럽게 세상을 떠나면서 또 이승만이 대통령에 뽑힐 가능성이 커졌지요.
거기에서 끝나지 않고 자신의 편인 이기붕을 부통령 자리에 앉히기 위해
투표함을 바꿔치기하는 등 부정 선거를 저질렀어요.
그러자 부정 선거에 항의하는 시위가 벌어지기 시작했어요.

4·19 혁명이 일어나요

시위가 점점 거세지던 어느 날, 마산 앞바다에 한 학생의 시신이 떠올랐어요.
시위 중에 최루탄에 맞아 죽은 학생을 정부가 몰래 바다에 버렸던 것이죠.
분노한 국민들은 이승만 정권에게 물러가라고 외치며 더욱 거세게 시위했어요.
4·19 혁명이 일어난 거예요.
이승만 정부는 총을 쏘며 막으려 했지만,
결국 국민들의 힘에 무릎을 꿇을 수밖에 없었지요.
국민의 힘으로 독재 정부를 무너뜨렸기 때문에 혁명이라고 불러요.

호기심의 한국사 노트
증조할머니 시대

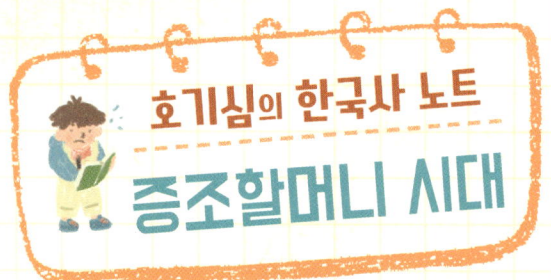

이 소리야!
지지직! 지지직!

일본이 연합국에 항복하면서
우리 민족은 해방을 맞았다.

우리 스스로 정부를 만들려고 노력했지만
북쪽에는 소련이, 남쪽에는 미국이 들어와
자신들 마음에 맞는 나라를 세우려 했다.

미국을 비롯한 유엔군과 중국까지
참여한 6·25 전쟁으로 우리 민족은
큰 피해를 보았다.

3년의 전쟁 뒤 휴전 협정이 맺어졌고,
아직까지도 우리나라는
남과 북으로 나뉜 채 살고 있다.

폐허가 된 이 땅에서 미국의
도움으로 급한 불은 껐지만,
이후 미국의 영향을 받게 되었다.

결국 38도선을 기준으로 남과 북에 서로 다른 나라가 세워졌다.

남한은 총선거를 통해 민주 정부를 만들고, 이승만을 초대 대통령으로 뽑았다.

북한에는 김일성이 다스리는 나라가 세워졌다.

이 소리야!
터덜! 터덜!

1950년 6월 25일, 북한이 남한을 침략했다.

이승만 대통령의 독재 정치를 반대하며 국민들이 4·19 혁명을 일으켰다.

83

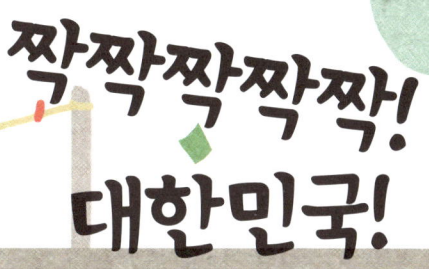

덜커덕!
덜커덕!

호로로!
호로로!

아휴, 오늘은 또 무슨 일이야?

어? 우리 **할아버지 댁**에서 나는 소리잖아?

무슨 일일까? 당장 가봐야겠어.

901호
할아버지 시대
: 소리의 정체

덜커덕!
덜커덕!

굴착기가 산을 깎아 내는 소리였네!

그런데 왜 산을 저렇게 깎아 내고 있는 거지?

호로로!
호로로!

경찰이
호루라기를 불며 쫓아가는
소리잖아!

무슨 일이길래
**경찰이 저 사람들을
쫓아가고** 있는 걸까?

아하~

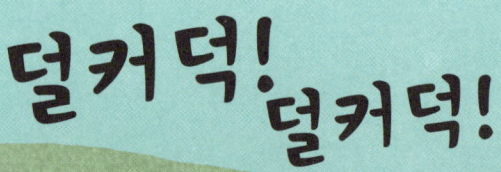
덜커덕! 덜커덕!

굴착기가 산을 깎으며 길을 만들고 있어요.

서울에서 부산까지 고속도로를 만드는 거예요.
1968년에 박정희 대통령의 지시로 만들기 시작한 이 도로는
3년에 걸친 공사 끝에 완성되었어요.
그전에는 자동차를 이용하면 서울에서 부산까지 열여섯 시간이 걸렸대요.
이제는 서울에서 아침 먹고, 부산에서 점심 먹는다는 말이 나올 정도로
하루 만에 서울에서 부산을 다녀올 수 있게 됐지요.
이 도로를 이용해 많은 사람이 전국을 오갔고,
전국의 물품들이 빠르게 이동하면서 산업이 발전했어요.
덕분에 우리나라는 한강의 기적을 이루며 경제를 발전시켜 나갔지요.
지나치게 서두른 공사 때문에 많은 사람이 목숨을 잃기도 했지만요.
덜커덕! 덜커덕!
이 소리는 서울과 부산을 이어 주는
고속도로를 만드는 소리랍니다.

호로로! 호로로!

경찰들이 날카로운 호루라기 소리로 저만치 걸어가던 삼촌과 이모를 불러요.

경찰은 어깨에 닿을락 말락 하는 삼촌의 머리를 강제로 자르고,
이모가 입고 있는 짧은 치마에 자를 갖다 대요.
이모의 치마는 무릎에서 십오 센티미터 위에 있지 않아서 다행이에요.
만일 그보다 짧았다면 이모도 벌금을 내야 했을 거예요.
1970년대에는 이렇게 국민의 자유가 많이 제한되었어요.
영화와 음악도 검열을 받아 정부의 마음에 들지 않으면 금지곡이 되었고,
신문 기자가 마음대로 기사를 쓸 수도 없었어요.
장발과 미니스커트처럼 머리 길이와 옷차림에도 제한을 받았고요.
우리 멋쟁이 할아버지도 나팔바지를 입고 머리를 길렀다가
길에서 경찰을 만나 줄행랑을 친 적이 있었대요.
호로로! 호로로!
이 소리는 국민의 자유를 억누르는
경찰들의 호루라기 소리랍니다.

할아버지 시대의 보다 자세한 이야기

군인들이 다스리는 나라

4·19 혁명으로 이승만 대통령은 물러났지만, 박정희를 중심으로 한 군인들이 서울을 점령했어요. 그러고는 자신들이 혼란스러운 사회를 바로잡겠다며 직접 나라를 다스리기 시작했어요.

박정희의 독재

하지만 군인들은 사회를 안정시킨 뒤에도 물러나지 않았어요.
박정희는 새로운 대통령이 되어 나라를 다스리기 시작했지요.
그런 뒤 17년 동안이나 대통령 자리에서 물러나지 않고 독재 정치를 했어요.

5대부터 9대까지 다섯 번이나 대통령이 되었네!

경제를 발전시켜요

박정희 대통령은 경제를 발전시키는 게 가장 중요하다고 생각했어요.
그래서 포항의 큰 제철소를 비롯해 공장을 많이 세우고,
서울과 부산을 이어 주는 경부 고속도로를 시작으로
전국 곳곳에 도로를 만들었어요.
덕분에 우리 경제는 많은 발전을 할 수 있었어요.

텔레비전, 전화기, 라면

경제가 발전하면서 국민의 삶은 점점 나아지기 시작했어요.

아직 흑백텔레비전이긴 했지만, 부잣집 안방에 놓인 텔레비전 앞으로 온 동네 사람들이 함께 모여 연속극을 보기도 했어요.

전화기를 가진 집도 늘어났고요.

지금 우리가 먹는 라면과 과자 같은 것도 이때 만들어졌어요.

노동자들의 어려운 삶

경제가 발전했다고 해서 모든 사람의 삶이 나아진 것은 아니에요.
공장에서 일하는 노동자들은 적은 월급을 받으며
하루에 12시간 이상씩 일해야 했어요.
노동자들이 밥을 먹을 수 있게 쌀값을 올리지 못하도록 막았기 때문에
농부들은 농사를 지어도 먹고살기 힘들었고요.
돈을 벌기 위해 다른 나라에서 일하며 고생하는 사람들도 많았어요.

장발과 미니스커트를 단속해요

이때에는 밤 12시가 넘으면 밖에 돌아다닐 수 없었어요.
미처 집에 들어가지 못한 사람들은 경찰서로 끌려갔지요.
남자들이 머리를 기르고 다닐 수도 없었어요.
머리카락이 어깨에 닿으면 경찰이 그 자리에서 자르기도 했대요.
미니스커트를 입은 여성은 경찰서로 잡혀가 벌금을 내야 했지요.

반발하는 사람들

박정희 대통령의 독재가 길어지자 불만을 터뜨리는 사람들이 많아졌어요.
대학생을 비롯한 많은 국민이 시위를 했지만,
박정희 정권은 더 강하게 억누르기만 했지요.
그러다 1979년 10월 26일, 박정희 대통령이 갑자기 죽으면서
그의 독재는 끝났어요.

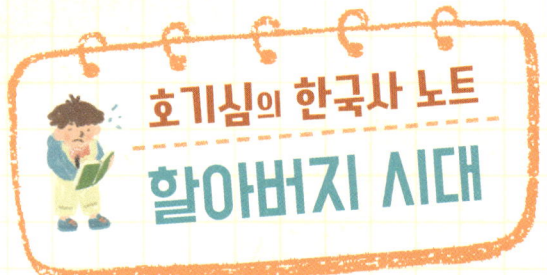
호기심의 한국사 노트
할아버지 시대

군인이었던 박정희가 권력을 잡았고,
그로부터 17년이나 독재 정치를 했다.

이 소리야!
덜커덕! 덜커덕!

큰 공장들이 들어서고, 경부 고속도로를
개통하면서 우리 경제가 크게 발전했다.

밤 12시가 넘으면
길에 돌아다니지 못했다.

이 소리야!
호로로! 호로로!

장발과 미니스커트를 단속하는 등
자유롭지 않은 사회였다.

자유!

학생들을 비롯한 국민들은 자유를
억압하는 사회에 반발했다.

흑백텔레비전을 통해 드라마를 보기 시작했다.

전화기를 가진 집이 늘어나기 시작했다.

하지만 여전히 노동자와 농민의 삶은 어려웠다.

우리가 즐겨 먹는 라면과 과자를 공장에서 만들어 내기 시작했다.

박정희가 갑자기 죽음으로써 그의 독재가 끝났다.

흑! 흑! 짝짝짝짝짝!
대한민국!

어? 이건 **우리 집**에서 나는 소린데?
누가 **이런 소리**를 내는 거지?
빨리 들어가 봐야겠어.

1001호
엄마 아빠 시대
: 소리의 정체

흑!
흑!

텔레비전을 보면서
우는 소리였네!

무슨 내용이길래
**텔레비전을 보면서
눈물을 닦고 있는 걸까?**

짝짝짝짝짝! 대한민국!

박수를 치며 응원하는 소리잖아!

무슨 일인데 저렇게 **많은 사람들이** 모여 **한마음으로 응원**을 하는 거야?

흑! 흑!

온 가족이 텔레비전을 보면서 울고 있어요.

텔레비전 화면 속 할머니와 할아버지가 서로 부둥켜안으며 울고 있고요.
1983년 6월, 한 방송국에서 이산가족 찾기 방송을 했어요.
6·25 전쟁으로 헤어졌던 가족들을 찾아 주는 프로그램이었지요.
방송에 나온 사람들은 잃어버린 가족들의 이름과 특징을 말했고,
방송을 보다가 자신을 찾는다고 생각하는 사람들은 방송국에 전화를 걸었죠.
지금 텔레비전에서는 6·25 전쟁이 시작되면서 헤어졌던 오빠와 동생이
33년 만에 만나 두 손을 맞잡고 눈물을 흘리고 있어요.
이 방송이 화제가 되자 방송국에는 10만 건이 넘는 신청서가 접수되었고,
그 가운데 1만여 가족이 만났다고 해요.
6·25 전쟁이 끝난 뒤 몇십 년이 지났지만, 여전히 상처는 아물지 않고 있어요.
흑! 흑!
이 소리는 이산가족 찾기 방송을 보며
우리 민족의 아픔을 온 마음으로 느끼는 소리랍니다.

짝짝짝짝짝! 대한민국!

시청 앞 광장에 수많은 사람들이 모여 박수를 치고 함성을 질러요.

모두 빨간색 티셔츠를 입고 광장에 마련된 큰 텔레비전을 함께 보고 있네요.
텔레비전에서는 우리나라와 스페인의 축구 경기가 나오고 있어요.
우리나라는 2002년 한일 월드컵 때 역사상 처음으로
8강에 오르며 스페인과 치열한 경기를 펼쳤어요.
0대0 동점으로 경기가 끝나고 승부차기를 할 때는
광장에 모인 사람들 모두 두 손을 꼭 잡고 간절히 기도했지요.
그리고 마지막 홍명보 선수의 슛이 들어가면서
우리나라는 월드컵 4강에 오르는 기적을 만들어 냈어요.
아빠는 그날 마음을 졸이며 승부차기를 보던 기억이 아직도 또렷하대요.
뜨거운 여름, 모두 같은 마음으로 대한민국을 응원했던 열기는
두고두고 사람들의 가슴을 뜨겁게 했어요.

짝짝짝짝짝! 대한민국!
이 소리는 온 나라 사람들이 한마음이 되어
월드컵의 승리를 응원하는 소리랍니다.

엄마 아빠 시대
사람들은
어떻게 살았을까?

1001호
엄마 아빠 시대의 보다 자세한 이야기

또다시 군인이 다스리는 나라

박정희 대통령이 죽은 뒤,
얼마 지나지 않아 전두환, 노태우 등의 군인들이 다시 권력을 잡았어요.
학생들은 시위를 하며 국민이 주인인 세상, 민주주의를 외쳤지만,
군인들은 학생들을 마구 잡아들일 뿐이었어요.

광주 민주화 운동

1980년 5월 광주에서는 학생과 시민들이
민주주의를 외치며 격렬하게 시위를 벌였어요.
그러자 군인들은 총을 쏘며 이들을 막아섰지요.
시민들도 강하게 맞섰지만 결국 민주화 운동은 10일 만에 끝났고,
이 과정에서 많은 사람들이 목숨을 잃었대요.

컬러텔레비전을 보기 시작해요

많은 사람들의 반대에도 불구하고 결국 대통령의 자리에 오른 전두환은
방송사와 신문사를 엄격히 통제하며 자신의 권력을 지켜 나갔어요.
사람들이 정치에 관심을 두지 않도록
컬러텔레비전 방송을 허용하고, 통행금지도 없앴어요.
복잡한 정치 뉴스보다 형형색색의 색깔로 방송되는 텔레비전 드라마와
화려한 쇼에 사람들은 시선을 빼앗겼지요.

프로 야구가 시작됐어요

또한, 국민들의 관심을 다른 곳으로 돌리기 위해
오락거리를 다양하게 만들어 냈어요.
1982년에는 프로 야구가 시작되었고, 많은 인기를 끌었어요.
주말마다 텔레비전에서는 프로 야구 중계를 했고,
전국의 어린이들은 야구장에 놀러 가는 것이 큰 즐거움이었대요.

86 아시안게임과 88 올림픽

1986년에는 아시안게임이, 1988년에는 올림픽이 우리나라에서 열렸어요. 우리나라는 159개 나라가 참가한 올림픽에서 종합 4위의 성적을 올렸어요. 올림픽으로 전 세계에 대한민국의 이름을 널리 알렸지요.

교복이 없어지고, 과외를 금지해요

전두환 대통령은 화난 국민들의 마음을 얻기 위해 여러 가지 정책들을 펼쳤어요.
야간 통행금지를 없애 밤 12시 이후라도
자유롭게 거리를 다닐 수 있게 했고, 학생들의 교복을 없앴어요.
일제강점기부터 입던 교복이 없어져서 이제 중·고등학생들도
개성 있게 옷을 입고 머리를 기른 채 학교에 다닐 수 있게 됐어요.
또 과외비에 대한 부담이 너무 많다고 하여 과외를 금지했어요.

6월 민주 항쟁

국민들은 대통령을 직접 뽑을 수 있도록 헌법을 고쳐야 한다고 생각했어요.
그래야 다시는 이 나라에서 독재 정치를 할 수 없을 테니까요.
하지만 전두환 대통령은 그럴 마음이 없었어요.
1987년 6월 10일, 전두환 대통령의 동지인 노태우가
다음 대통령 후보로 발표되자 국민들은 크게 분노했어요.
그날부터 수백만의 국민들이 거리로 쏟아져 나와 "독재 타도!"를 외쳤지요.
결국, 6월 29일 노태우는 국민의 뜻을 따르겠다고 발표했어요.

국민이 대통령을 뽑아요

하지만 국민이 직접 투표한 대통령 선거에서 노태우가 대통령이 되었어요.
다행히 그다음 선거부터는
김영삼, 김대중, 노무현, 이명박, 박근혜, 문재인 대통령이 차례로 뽑혀
이제 더 이상 군인이 다스리지 않는 민주주의 세상에서 살게 되었지요.

인터넷 세상

엄마와 아빠가 어렸을 때는 친구들과 함께 놀이터나 골목에서
구슬치기, 딱지치기, 고무줄놀이, 술래잡기를 하고 놀았어요.
지금 우리들은 집에서 컴퓨터나 핸드폰으로 게임을 하고 놀지요.
인터넷은 우리의 생활 모습을 크게 바꾸어 놓았어요.
이제 인터넷으로 손쉽게 정보를 접하고, 빠르게 소식을 주고받아요.
인터넷 세상 속에서 즐거움을 찾는 시대가 된 거예요.

거리에서 월드컵을 응원해요

2002년에 우리나라와 일본에서 한일 월드컵이 열렸어요.
우리 땅에서 열린 첫 번째 월드컵이었지요.
사람들은 거리로 나가 함께 경기를 보며 '대한민국'을 소리 높여 외쳤어요.
국민들의 응원 소리에 힘입어 우리나라 축구 선수들은
4강 진출이라는 기적을 만들어 냈어요.

발전하는 대한민국

1997년에 나라의 경제가 큰 위기를 겪었지만,
온 국민이 힘을 합쳐 잘 막아 냈어요.
그 뒤로 대한민국은 계속 발전해 나가고 있어요.
1인당 국민 소득이 선진국 수준으로 늘어났고,
컴퓨터를 만드는 반도체나 이동 통신 기술은 세계 최고를 자랑하지요.
자동차와 배, 가전제품 등을 잘 만들어 세계 곳곳에 수출하고 있고요.

평화를 향한 길

2018년 4월 27일, 우리나라의 문재인 대통령과
북한의 김정은 위원장이 만났어요.
6·25 전쟁이 끝난 지 벌써 66년이 지났지만, 여전히 두 나라 사이는 휴전,
그러니까 전쟁을 쉬고 있는 상태예요.
남과 북을 가르고 있는 군사 분계선에서 만나 반갑게 악수를 나눈
두 나라의 정상은 한반도에 평화로운 시대를 열어 가겠다고 약속했어요.

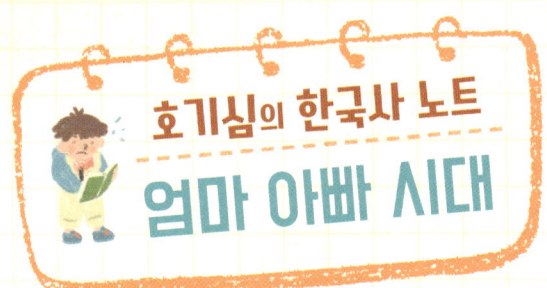
호기심의 한국사 노트
엄마 아빠 시대

박정희 대통령이 죽었지만,
또다시 군인인 전두환이 정권을 잡았다.

대통령이 된 전두환은 독재 정치를 실시하며
국민들의 관심을 다른 데로 돌리기 위해
컬러텔레비전과 스포츠를 유행시켰다.

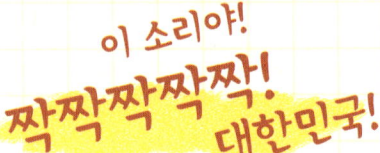
이 소리야!
짝짝짝짝짝!
대한민국!

2002년 한일 월드컵이
개최되었고, 많은 사람들이
거리에서 함께 응원했다.

인터넷이 발달하여
정보화 시대가 시작되었다.

대한민국은 경제적으로
크게 성장했다.

1986년에는 아시안게임이, 1988년에는 올림픽이 우리나라에서 열렸다.

다시 군인이 대통령이 되려 하자 국민들이 6월 민주 항쟁을 일으켰다.

이산가족 찾기 방송으로 6·25 전쟁 때 헤어졌던 1만여 명의 가족들이 다시 만났다.

국민들의 승리로 직접 대통령을 뽑았지만, 군인인 노태우가 뽑혔다. 그래도 이때부터 국민이 직접 대통령을 뽑는 선거가 정착되었다.

2018년 4월, 문재인 대통령은 한반도의 평화를 위해 북한의 김정은 위원장을 만났다.

"아하!
왜 그런 소리가 나는지 이제 알겠어!"

근현대 사람들과 모두 모여 함께 찰칵!

701호~1001호 근현대 이야기 끝 >>>